Conoce a mi mascota

EL CONEJO

Jared Siemens

Paso 1
Ingresa a www.openlightbox.com

Paso 2
Ingresa este código único

AVL75926

Paso 3
¡Explora tu eBook interactivo!

Tu eBook interactivo trae...

AV2 es compatible para su uso en cualquier dispositivo.

| **Leer** | **Audio** Escucha todo el lobro leído en voz alta | **Videos** Mira videoclips informativos | **Enlaces web** Obtén más información para investigar | **¡Prueba esto!** Realiza actividades y experimentos prácticos | **Palabras clave** Estudia el vocabulario y realiza una actividad para combinar las palabras | **Cuestionarios** Pon a prueba tus conocimientos | **Presentación de imágenes** Mira las imágenes y los subtítulos | **Comparte** Comparte títulos dentro de tu Sistema de Gestión de Aprendizaje (LMS) o Sistema de Circulación de Bibliotecas | **Citas** Crea referencias bibliográficas siguiendo los estilos de APA, CMOS y MLA |

Este título está incluido en nuestra suscripción digital de Lightbox

Suscripción en español de K–5 por 1 año
ISBN 978-1-5105-5935-6

Accede a cientos de títulos de AV2 con nuestra suscripción digital.
Regístrate para una prueba GRATUITA en www.openlightbox.com/trial

Se garantiza que los componentes digitales de este libro estarán activos por 5 años.

EL CONEJO
Conoce a mi mascota

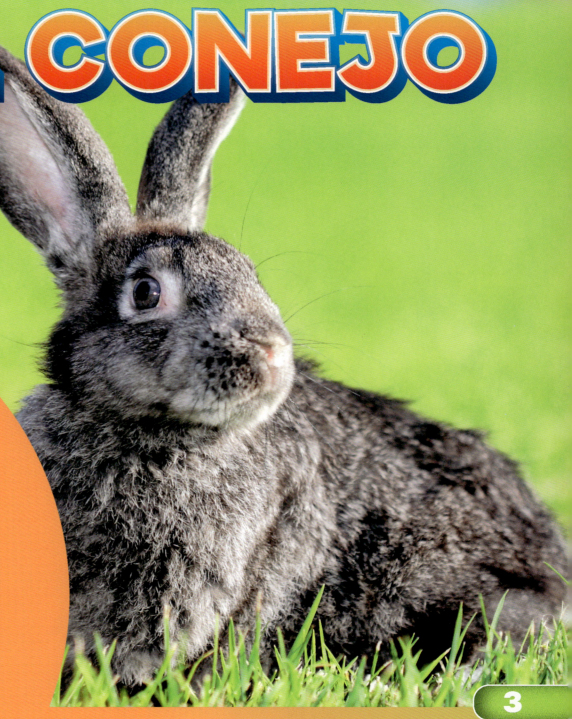

CONTENIDOS
- 4 **Adoptando un conejo**
- 6 **Diferentes tipos de conejos**
- 8 **Su hogar**
- 10 **Masticando cosas**
- 12 **La alimentación**
- 14 **El ejercicio**
- 16 **Acicalándose**
- 18 **Creciendo con salud**
- 20 **Mi conejo mascota**
- 22 **Datos sobre los conejos**

Quiero tener un conejo de mascota.

Debo aprender a cuidarlo.

Hay muchos tipos de conejos para elegir como mascota.

Los conejos pueden tener pelo marrón, negro o blanco.

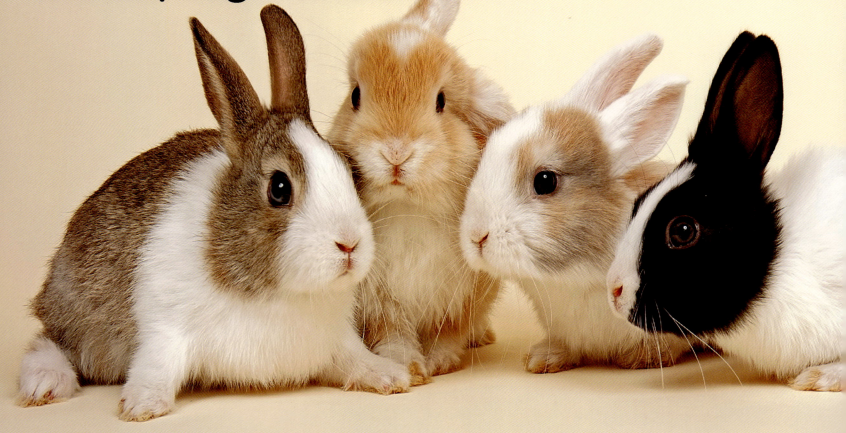

TIPOS DE CONEJOS

Conejo angora inglés
Hasta 7 libras (3,2 kilogramos)
Pelo largo sedoso

Conejo blanco de Florida
Hasta 6 libras (2,7 kg)
Pelo blanco suave

Conejo neerlandés
Hasta 5,5 libras (2,5 kg)
Pelo corto suave

Conejo Belier holandés
Hasta 4 libras (1,8 kg)
Pelo corto grueso

Mi conejo necesitará vivir en una conejera.

Le cambiaré su cama de heno varias veces por semana.

Mi conejo necesitará masticar cosas que no le hagan daño.

Masticar madera lo ayuda a mantener los dientes sanos.

A los conejos les gusta comer heno y vegetales.

Le daré de comer una o dos veces por día.

Mi conejo necesitará hacer mucho ejercicio.

Lo dejaré correr y jugar en un lugar seguro todos los días.

EJERCICIO DIARIO

Hámsteres
Rueda de ejercicio
SIEMPRE
disponible

Conejos
Correr libremente al menos
CUATRO HORAS

Hurones
TRES a **CUATRO HORAS**
fuera de la jaula

Conejillos de Indias
Al menos
UNA HORA
de ejercicio

Mi conejo necesitará ayuda para mantener su pelo limpio.

Lo cepillaré suavemente de la cabeza a la cola.

Los conejos duermen unas 11 horas por día.

Tendré cuidado de no despertarlo mientras duerme.

CRECIENDO

Conejo recién nacido
Unas pocas horas de vida
No tiene pelo.
Es sordo y ciego.

Gazapo
Aproximadamente 3 semanas de vida
Abre los ojos.
Comienza a explorar.

Conejo joven
Aproximadamente 6 meses de vida
Es activo.
Come heno y alimento sólido.

Conejo adulto
Aproximadamente 1 año de vida
Necesita ejercitarse.
Puede jugar con juguetes.

Estoy listo para llevar a mi conejo a casa.

Lo cuidaré mucho.

¡PIÉNSALO!

¿Qué otras cosas puedes hacer para que tu conejo esté contento y sano?

DATOS SOBRE LOS CONEJOS

Estas páginas ofrecen información detallada sobre los interesantes datos de este libro. Están dirigidas a los adultos, como soporte, para que ayuden a los jóvenes lectores a redondear sus conocimientos sobre cada sorprendente animal presentado en la serie *Conoce a mi mascota*.

Páginas 4–5

Quiero tener un conejo de mascota. La gente ha tenido conejos como mascotas desde el 1800. Los conejos son muy buenas mascotas porque son limpios, inteligentes y silenciosos. También pueden aprender a llevarse bien con otras mascotas, como perros y gatos. Los conejos son famosos por sus orejas largas, que lo ayudan a regular la temperatura corporal. Los conejos mascota pueden llegar a vivir más de 10 años. En los Estados Unidos, hay más de 3 millones de conejos mascota.

Páginas 6–7

Hay muchos tipos de conejos para elegir como mascota. Existen más de 60 razas de conejos domésticos. Su tamaño va desde las 2 hasta las 13 libras (1 a 6 kilogramos). Antes de elegir al conejo, es importante averiguar las necesidades y temperamentos de cada raza para saber cuál es mejor para su familia. Mientras que el conejo neerlandés enano no es recomendable para los niños pequeños, al conejo holandés le encanta que lo abracen y acaricien.

Páginas 8–9

Mi conejo necesitará vivir en una conejera. Aunque muchos prefieren tener a sus conejos en jaulas adentro de la casa, otros los alojan en conejeras de madera afuera. Las conejeras de madera deben ser herméticas y aisladas para proteger a los conejos de las condiciones climáticas. Viva adentro o afuera, su casa debe ser, como mínimo, cinco veces más grande que el conejo. El piso de la jaula debe ser de material sólido y estar cubierto por paja, heno o virutas de álamo.

Páginas 10–11

Mi conejo necesitará masticar cosas que no le hagan daño. Los conejos tienen 6 incisivos, o dientes delanteros, y 22 molares. Sus incisivos crecen unas 5 pulgadas (13 centímetros) por año. Los conejos necesitan masticar cosas y mantener sus dientes controlados royendo juguetes de madera y heno de fleo. Si se les permite andar sueltos por la casa, los conejos deben ser controlados de cerca. Tenga cuidado de que no se acerque a cables eléctricos, plantas de interior y objetos pequeños que se pueda tragar.

Páginas 12–13

A los conejos les gusta comer heno y vegetales. Los conejos son herbívoros, es decir, solo comen materia vegetal. Comen heno, alimento en grano para conejos y verdura de hoja fresca. El heno es importante en la dieta del conejo porque lo ayuda con la digestión. Aunque en los libros y en la televisión se los suele mostrar comiendo zanahorias, éstas tienen demasiado almidón para ser la base de su dieta. El veterinario lo ayudará a saber cuál es la dieta ideal para su conejo específico.

Páginas 14–15

Mi conejo necesitará hacer mucho ejercicio. Los conejos necesitan entre dos y tres horas de ejercicio diario fuera de sus jaulas. Tienen patas traseras muy fuertes que usan para correr y saltar. Pueden llegar a correr a 35 millas por hora (56 kilómetros por hora) en tramos cortos. Cuando están contentos, los conejos pueden dar saltos torciendo la cabeza y el cuerpo en sentido contrario.

Páginas 16–17

Mi conejo necesitará ayuda para mantener su pelo limpio. Los conejos se acicalan solos, como los gatos, y no es necesario bañarlos. Bañar a un conejo puede ser muy malo para su salud. Si el conejo tiene pelo largo, habrá que cepillarlo con mayor frecuencia para evitar que se le enrede. Así también se evita que se le formen bolas de pelo. Esto ocurre cuando el conejo traga demasiado pelo al acicalarse. También se les debe limpiar las orejas y cortar las uñas regularmente.

Páginas 18–19

Los conejos duermen unas 11 horas por día. Los conejos son más activos al anochecer y amanecer y suelen dormir la mayor parte del día y la noche. Por eso, es importante colocar una caja de cartón u otro refugio pequeño en su jaula para que se esconda o duerma. Como los conejos se asustan fácilmente, lo mejor es colocar su jaula o conejera lejos de los ruidos fuertes y actividades ruidosas.

Páginas 20–21

Estoy listo para llevar a mi conejo a casa. Los conejos pueden comprarse en una tienda de mascotas o adoptarse de un refugio para animales. Tenga cuidado de no abrazar al conejo muy seguido porque puede enfermarse. Observe cambios en su comportamiento y aspecto, ya que estos cambios pueden indicar que algo anda mal. En general, los conejos deben ser controlados por un veterinario una vez al año, incluso cuando están sanos.

Published by Lightbox Learning Inc.
276 5th Avenue, Suite 704 #917
New York, NY 10001
Website: www.openlightbox.com

Copyright ©2026 Lightbox Learning Inc.
All rights reserved. No part of this publication may be reproduced, stored in a retrieval system, or transmitted in any form or by any means, electronic, mechanical, photocopying, recording, or otherwise, without the prior written permission of the publisher.

Library of Congress Control Number: 2024948031

ISBN 979-8-8745-1331-3 (hardcover)
ISBN 979-8-8745-1333-7 (static multi-user eBook)
ISBN 979-8-8745-1335-1 (interactive multi-user eBook)

Printed in Guangzhou, China
1 2 3 4 5 6 7 8 9 0 29 28 27 26 25

102024
101724

Art Director: Terry Paulhus
Project Coordinator: Sara Cucini
English/Spanish Translation: Translation Services USA

Every reasonable effort has been made to trace ownership and to obtain permission to reprint copyright material. The publisher would be pleased to have any errors or omissions brought to its attention so that they may be corrected in subsequent printings.

The publisher acknowledges Getty Images, Alamy, and Shutterstock as the primary image suppliers for this title.